LE CARDINAL DE RICHELIEU,

PAR M. CHARLES CRAPELET.

A PARIS,

DE L'IMPRIMERIE DE CRAPELET,

RUE DE VAUGIRARD, N° 9.

DÉCEMBRE M. DCCC. XXXIX.

PORTRAITS

HISTORIQUES.

A PARIS,

CHEZ P. DUFART, LIBRAIRE,

RUE DES SAINTS-PÈRES, N° 1.

LE CARDINAL

DE RICHELIEU,

PAR M. CHARLES CRAPELET.

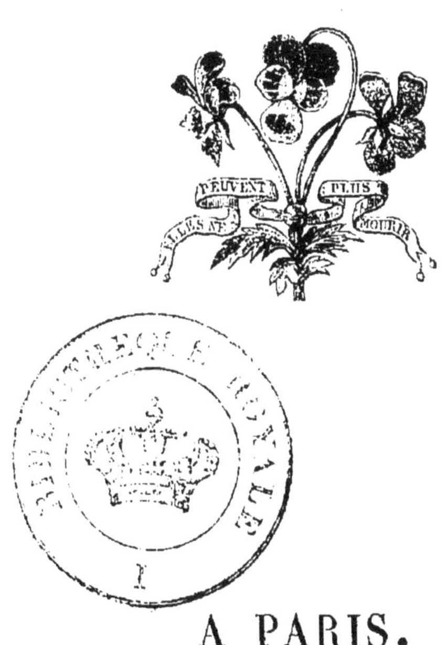

A PARIS,

DE L'IMPRIMERIE DE CRAPELET,

RUE DE VAUGIRARD, N° 9.

DÉCEMBRE M. DCCC. XXXIX.

LE CARDINAL DE RICHELIEU

(JEAN-ARMAND DU PLESSIS),

NÉ LE 5 SEPTEMBRE 1585; MORT LE 4 DÉCEMBRE 1642.

Il y a pour les grands hommes un à-propos de naissance qui fait une bonne partie de leur fortune. Tel se consume dans la sphère étroite d'une vie obscure, qui, dans un autre temps, eût montré assez de force et de talent pour gouverner un empire, si le hasard des circonstances avait favorisé l'essor de son génie. Le privilége, et comme le secret des hommes extraordinaires, c'est de naître à une époque appropriée à leur nature. Richelieu fut un de ces génies privilégiés. La France à peine pacifiée par le règne trop court du meilleur des rois, toute pleine encore des ferments de discorde et de trouble que la Ligue y avait jetés, divisée de croyance, prête enfin à épuiser de nouveau tous les malheurs et toutes les hontes de la guerre civile, avait besoin pour se sauver, d'un bras ferme, d'une haute intelligence, d'une inébranlable résolution, d'une infatigable énergie : Richelieu fut l'homme de son temps; il avait une tâche immense à remplir, et il la remplit. Parvenir par ses seules ressources au poste le plus éminent de l'État, recueillir l'héritage confus d'une régence malheureuse, et consacrer un pouvoir toujours disputé à élever un royaume au comble de la puissance et de la gloire, en dépit de son peuple et de son Roi lui-même;

en un mot, porter remède aux calamités présentes et préparer à sa patrie le plus magnifique avenir, telle fut la destinée de Richelieu.

Dès les premières années de la régence de Marie de Médicis, le royaume était déjà bien déchu, dans l'opinion des peuples, du rang élevé où l'avait placé Henri IV, et de l'avenir glorieux auquel il le destinait. Au lieu de cette guerre nationale, et européenne à la fois, contre la maison d'Autriche, au lieu de cette lutte glorieuse que légitimaient et une juste vengeance et les utiles changements qu'elle devait amener dans l'intérêt de l'Europe entière, des discordes fatales portaient de nouveaux coups à la paix intérieure encore mal affermie; de coupables partis s'agitaient au sein du royaume, et renouvelaient l'antique querelle de l'ambition des grands contre la prérogative royale. Toute cette haute noblesse qui, pendant les troubles de la Ligue, avait pris l'habitude d'une dangereuse indépendance, et s'était insolemment arrogé le droit de régenter le souverain, une fois délivrée de la présence du maître, arborait, comme au bon temps, l'étendard de la rébellion sur ses tours féodales. Les ducs de Bouillon, de Mayenne, de Nevers, de Vendôme, le prince de Condé, alors chef de cette famille où l'esprit d'opposition et de révolte fut comme héréditaire, tous les représentants les plus illustres de la noblesse française, donnaient le triste spectacle d'un trône attaqué et ébranlé par ceux mêmes qui devaient en être le soutien et l'ornement. Plus bas, se remuaient les intérêts exigeants d'une classe considérable de la population : les réformés de France, qui, sous le dernier règne, avaient vécu contents du sort qu'ils devaient à l'édit de Nantes, voulaient profiter des embarras de la Régente pour en obtenir de nouvelles concessions, et soutenaient, dans ce but, la querelle des grands, en stipulant, pour prix de cet appui intéressé, l'inviolabilité de leur religion, et l'extension de leurs priviléges. Au dehors, l'abandon plus qu'impolitique du duc de Savoie à la vengeance de l'Espagne, et l'indifférence avec laquelle le gouvernement détournait les yeux des graves événements qui se passaient en Allemagne, imprimaient à la Régence une note fatale de faiblesse et de mauvaise foi.

Pour faire face à tant de difficultés et de périls, la Reine régente ne connaissait d'autre ressource que la mesquine politique de son favori Concini et l'astucieuse ambition de sa femme. La haine des grands et du peuple pour ces parvenus étrangers croissait en proportion de leur influence. L'arrestation du prince de Condé, dernier effort de leur politique aux abois, ne fit que porter à son comble l'irritation des esprits. Enfin une révolution de palais renversa le favori de la Régente au profit du favori du Roi. Luynes succéda à Concini dans son pouvoir, mais aussi dans la haine que lui portaient les grands, et dans tous les embarras de sa position. Ces embarras se compliquaient de jour en jour; l'esprit factieux des grands s'appuyait du nom de la Reine; la résistance des protestants se justifiait par les imprudentes tentatives d'oppression hasardées contre eux en Béarn; partout les troubles, la défiance, et même les revers des armes royales, accusaient la maladresse et l'impuissance du favori. Enfin la conscience de ses fautes et la crainte d'une disgrâce prochaine l'enlevèrent à la haine publique, et sa mort eut cela d'heureux qu'en rendant à la Reine tout pouvoir sur l'esprit de son fils, elle ouvrit l'entrée du conseil au seul homme qui pût porter secours à l'État en péril : Richelieu devint ministre le 29 avril 1624.

Richelieu, né à Paris le 5 septembre 1585, était le troisième fils de François du Plessis, seigneur de Richelieu, d'une ancienne famille du Poitou. A cinq ans, resté sous la tutelle de sa mère, il fut confié aux soins d'un ecclésiastique qui lui enseigna les éléments des langues anciennes; puis on l'envoya au collége. On ne dit pas si le futur grand homme annonça dès lors par quelque signe éclatant ce qu'il devait être un jour, et s'il donna quelque marque d'un génie précoce, comme on ne manque pas d'en découvrir après coup dans l'enfance de tous les hommes extraordinaires. Le reste de sa vie fut d'ailleurs assez grand pour que nous lui passions quelques années d'obscurité. Après ses études au collége, Richelieu, qui, en sa qualité de cadet, était destiné à faire son chemin par les armes, entra à l'*académie*, et en sortit à dix-huit ans avec l'épée, et le titre de seigneur de Chillou, pour aller chercher fortune contre les Infidèles; mais il devait en être tout autrement. Son frère aîné périt en duel; le second quitta son titre d'évêque et prit la robe de moine dans une chartreuse; et voilà comment Richelieu, à vingt et un ans, portait le rochet et la mitre, et s'appelait l'évêque de Luçon. Ce brusque changement ne l'étonna pas; seulement il voulut se mettre au niveau de sa nouvelle condition. Son esprit positif envisageait les choses sous leur vrai point de vue; or, sa fortune était fort médiocre : « Nous sommes tous gueux en ce pays, écrivait-il, et moi le premier, dont je suis bien fâché; mais il y faut apporter remède, si on peut. » Le remède, il le chercha et le trouva dans le travail; pendant deux années entières, retiré dans une maison de campagne près de Paris, il s'appliqua, sous la direction d'un docteur de Louvain, à devenir savant dans les choses de la religion, habile dans la controverse, consommé dans l'art de persuader par la force ou par l'onction de la parole. Huit heures de travail par jour suffisaient à peine à son ardeur de s'instruire. C'est là réellement que se découvre le grand homme : que ne devait-on pas attendre de celui qui, à vingt ans, ne se contentait pas de porter son titre d'évêque, mais voulait le mériter et l'échanger pour mieux encore, en se condamnant à deux ans d'étude et de reclusion ? C'est que d'un coup d'œil il avait embrassé tout son avenir; et dès l'abord, il travaillait à se frayer une large voie vers les grandeurs de l'Église, et par suite, vers le pouvoir politique. C'est du moins l'influence de cette double ambition qui semble l'avoir guidé dès les premiers actes de sa vie publique : il s'agissait d'obtenir une dispense d'âge pour recevoir la consécration épiscopale. Richelieu partit pour Rome, parla à Paul IV, l'étonna par la souplesse, et en même temps par la maturité de son esprit, et s'autorisant d'un exemple célèbre, crut pouvoir sans péché se vieillir de quelques années pour devenir évêque, quand un cardinal s'était fait mourant pour devenir pontife. Le mensonge réussit : Richelieu obtint sa dispense, reçut l'absolution et revint en France pour y donner carrière à son ambition.

Bientôt on ne parla plus à Paris que de la merveilleuse éloquence de l'évêque de Luçon. Le bruit en vint à la Régente, et déjà Richelieu, bien reçu à la cour, s'appliquait à s'assurer le crédit de Concini et de sa femme, alors tout-puissants, lorsque les troubles longtemps préparés par le mécontentement des princes, et trouvant enfin un prétexte d'éclater dans le mariage du Roi avec l'infante d'Espagne, donnèrent une nouvelle impulsion à la fortune du prélat. La révolte gagnait de tous côtés; on était sans troupes et sans argent; force fut de tenter un accommodement en convoquant les États et en promettant des réformes. Richelieu se tourna de ce côté; élu député du clergé, et chargé de présenter au Roi le cahier de son ordre, il sut, en parlant pour les autres, travailler par le fait à sa propre fortune et préparer à la fois, par une prévision lointaine, et son entrée dans le conseil du Roi et le chemin qui devait l'y conduire. Quelques esprits clairvoyants remarquèrent en effet que dans sa harangue deux points dominaient tous les autres : c'était d'un côté une prière adressée au Roi de laisser la direction des affaires publiques entre les mains expérimentées de sa mère; et de l'autre, des regrets vivement exprimés de ce qu'il n'y avait dans le gouvernement aucun membre du clergé. Du reste, la plupart n'y firent point attention alors, mais la Reine ne l'oublia pas.

A compter de ce moment, la fortune de Richelieu fut rapide. Nommé successivement grand-aumônier de la Reine, puis conseiller d'État, puis enfin ambassadeur en Espagne, il se préparait à quitter la France, lorsque la fâcheuse position de sa protectrice, et le besoin qui se faisait sentir d'un homme de conseil sûr et résolu, le retinrent à la cour. Pour la troisième fois, les princes avaient pris les armes. Les ducs de Longueville, de Mayenne, de Guise et de Vendôme, le maréchal de Bouillon, le prince de Condé lui-même, qui venait de se réconcilier avec la Reine, se proclamaient les défenseurs de la chose publique, et les ennemis de l'Italien parvenu qui trahissait l'État. Mais c'était attaquer la Régente sous le nom de son favori. Ceux qui avaient intérêt au maintien de l'ordre établi, mirent sous les yeux de la Reine la perspective effrayante d'une disgrâce prochaine, et profitèrent de ses craintes pour arracher son consentement à des mesures extrêmes. C'était là pour les favoris de ce pouvoir chancelant une question d'existence; Concini surtout y mit toute l'énergie du désespoir, et Richelieu l'appuya par intérêt et aussi par tempérament. Avec un commis parvenu, nommé Barbin, homme de rien qui avait tout à gagner, ils résolurent de couper d'un seul coup la tête à la révolte, en arrêtant à la fois, le même jour, les principaux chefs du parti qui se trouvaient alors à Paris.

Il y avait de la hardiesse et de la raison dans cette entreprise. Malheureusement, elle fut mal exécutée, et, comme tous les coups d'État qui ne réussissent pas, elle causa la perte de ceux qu'elle devait sauver. Le prince de Condé seul avait pu être arrêté. Cette injure éclatante faite à un prince du sang, et l'audace de la tentative, exaspérèrent les esprits déjà irrités. La haine publique était ainsi montée au point que l'on pouvait tout oser impunément contre le favori; une ambition rivale, qui depuis longtemps croissait dans le secret de la chambre du Roi et qui épiait l'occasion favorable, la trouva bonne et la saisit. Albert de Luynes fit tuer Concini, maréchal d'Ancre, exila la Reine et devint maître de l'État sous le bon plaisir du roi Louis XIII.

Ce fut là un moment fatal pour la fortune de Richelieu. Vainement parut-il survivre à la ruine de ses protecteurs et à la disgrâce de ses amis; force lui fut bientôt de quitter la cour et de se condamner à la retraite. Mais il voulut du moins s'en faire honneur et se la rendre utile. La Reine habitait Blois; il s'y rendit dans la prévision d'un rétablissement prochain. Mais bientôt, comme on craignait à la cour son génie entreprenant et ses habiles conseils, on le relégua successivement dans son prieuré du Coussay en Anjou, puis dans son diocèse à Luçon, et enfin hors de France, à Avignon, qui dépendait alors de la cour de Rome.

Là, pendant une longue année d'inaction forcée, Richelieu, perdu en apparence dans les controverses religieuses, observait, les yeux fixés sur la scène politique, toutes les vicissitudes du nouveau pouvoir, et attendait que son heure fût venue. Sa haute intelligence des gouvernements et des révolutions ne se laissait pas prendre aux apparences de grandeur qui entouraient le favori; mais à l'état de malaise et d'impuissance où l'incapacité de celui-ci réduisait la nation, il pressentait la chute inévitable de ce pouvoir insuffisant et les embarras qui allaient rendre son retour nécessaire.

En effet, l'année ne s'écoula pas sans que ses ennemis eux-mêmes l'appelassent à leur secours. Luynes, qui l'avait exilé, se laissa prendre à ses protestations de dévouement et le rappela. Aussi bien, dans la position difficile où ses fautes l'avaient jeté, n'avait-il plus le choix des moyens; il fallait en sortir à tout prix. Placé entre deux puissances redoutables, la Reine et le prince de Condé, dont il avait ou provoqué ou prolongé la disgrâce, il n'avait su se concilier ni l'une ni l'autre, et par ses hésitations il avait exaspéré la colère du prince et perdu l'occasion d'apaiser la Reine. Un coup de main préparé six mois à l'avance, et dont tout le monde avait le secret, excepté le favori, avait enlevé la Reine de sa prison de Blois et l'avait conduite à Angoulême, où déjà de toutes parts elle recevait les offres de service et les secours de ses amis. Luynes, qui, à défaut de tout génie politique, avait du moins l'instinct de sa conservation et de sa fortune, vit que sa seule chance de salut était dans une réconciliation; il la tenta, et son bonheur voulut qu'il s'adressât à Richelieu.

Cette négociation est un modèle d'adresse. Muni d'un passe-port et d'une lettre du Roi, Richelieu qui s'en est servi pour écarter sur sa route tous les obstacles et tous les dangers, arrive à petit bruit à Angoulême, et va se jeter aux pieds de la Reine en rendant grâce au ciel d'avoir préservé des périls du voyage une vie qu'il veut consacrer au service de sa maîtresse. L'habile prélat savait si bien se faire valoir, et ses relations avec Luynes étaient couvertes d'un si profond mystère, que la Reine s'y laissa prendre; pour satisfaire le jaloux dévouement de ce zélé serviteur, elle éloigna les amis qui l'avaient conseillée pendant son exil, et donna toute sa confiance au nouveau venu. Quelques jours suffirent à cette révolution. Puis, comme il fallait la justifier aux yeux des partisans de la Reine, Richelieu obtint de la cour des places de sûreté pour son parti. Enfin il fit si bien, que la Reine consentit à quitter Angoulême et à venir jusqu'à Tours pour se réconcilier avec son fils. L'entrevue eut lieu à Cousières, près de cette ville; « la mère et le fils s'y embrassèrent avec de grandes marques de tendresse; si bien que le passé parut entièrement oublié; » et des deux côtés on n'avait pas assez d'éloges pour le merveilleux génie de cet homme, qui n'avait qu'à paraître pour concilier les intérêts les plus contraires et pour accomplir en quelques jours ce qui, pour d'autres, eût demandé des années.

Mais Richelieu prisait à leur juste valeur ces éloges stériles; ce qu'il voulait, c'était sa rentrée au conseil; et comme un trop prompt accommodement pouvait faire oublier ses services en les rendant inutiles, il retira un instant la main qui unissait les deux partis, et les divisions reparurent avec la défiance. La Reine, qui était venue jusqu'à Tours, refusa de suivre à Paris le Roi dont elle ne voulait pas, disait-elle, orner le triomphe. Et puis on venait de rendre la liberté au prince de Condé, en accompagnant cette mesure d'une déclaration signée de la main du Roi, où tous les troubles de la Régence et notamment l'arrestation du prince de Condé étaient frappés de la plus haute réprobation. La Reine y vit une insulte, Richelieu une menace, et comme un arrêt qui l'éloignait à jamais des affaires. L'amour-propre de la princesse et l'intérêt de son favori, blessés l'un et l'autre dans l'endroit le plus sensible, se manifestèrent par de violentes récriminations. En vain Luynes, qui craignait qu'une rupture définitive n'assurât la prépondérance du prince de Condé, chercha-t-il à renouer les négociations; la Reine, qui se sentait appuyée par la noblesse, se montra intraitable. De son côté le prince poussait à la guerre. On prit donc les armes et l'on se mit en campagne; mais dès les premiers jours il fut facile de prévoir l'issue des hostilités. En effet, pendant que le parti des mécontents se perdait par ses propres forces, et que, dans cette réunion d'intérêts divers, chacun ne voyait que le sien et le soutenait aux dépens des autres, le prince de Condé, qui avait l'habitude des guerres civiles, poussait vigoureusement l'attaque, soumettait en courant toute la Normandie, et se présentait devant Angers, où se tenait la Reine, sans avoir laissé aux mécontents surpris le loisir de joindre leurs forces, et de pourvoir à la défense. D'ailleurs, Richelieu l'avait rendue impossible. Impatient d'une guerre qui reculait sans fin l'accomplissement de ses projets, il avait résolu de la terminer à tout prix, de forcer la Reine à faire la paix, et de s'en faire ensuite un mérite auprès du Roi et de son favori. Dans cette vue, déjouant les sages mesures concertées par les ducs de Mayenne et d'Épernon, chefs du parti, dont les forces réunies auraient été redoutables, il suggéra à la Reine la fatale idée de les tenir séparés pour la défense de leurs provinces respectives; de sorte qu'à l'approche du Roi il n'y eut plus d'autre parti à prendre que celui de traiter. Amnistie pleine et entière fut accordée à tous ceux qui dans les huit jours poseraient les armes et rentreraient dans l'obéissance; on rendit la liberté aux prisonniers de guerre. Du reste, aucune stipulation en faveur de ceux qui avaient perdu leurs places pour avoir suivi la Reine. C'étaient là des conditions de vainqueur à vaincu; toutes les espérances des mécontents étaient ruinées. Il n'y eut que Richelieu qui y gagna : choyé également, et par la Reine qui ne soupçonnait pas sa trahison, et par le favori qui la récompensait, il recueillit des deux côtés des grâces et des promesses.

La mort de Luynes, qui suivit de près cet accommodement, épargna à Richelieu les embarras de cette double faveur, et le rendit tout entier à l'amitié de la Reine. C'est un art que de savoir exploiter la faveur des grands : Richelieu le possédait à un haut degré. A chaque bienfait nouveau, il multipliait les protestations de son amour et de son dévouement; lorsqu'il reçut le chapeau de cardinal, il se jeta aux genoux de la Reine, et dans un élan de reconnaissance il s'écria : « Cette pourpre, dont je suis redevable à Votre Majesté, me fera toujours souvenir du vœu solennel que j'ai fait de répandre mon sang pour votre service. » On a dit même qu'un sentiment plus vif encore et plus tendre attachait Marie de Médicis à son favori. Jamais Richelieu ne s'en est vanté : mais il avait une de ces figures nobles et fières qui plaisent aux femmes; et puis tant de faveurs accumulées semblaient accuser des causes secrètes. — Ce qu'il y a de certain, c'est que dès le commencement de l'année 1624, Richelieu obtint par le crédit de la Reine le droit de siéger et de délibérer dans le conseil d'État.

Nous avons mesuré pas à pas la route longue et difficile qui conduisit Richelieu au pouvoir; nous nous sommes longtemps arrêté au commencement de cette vaste carrière; ce n'est pas sans raison. Il était bon de montrer que ce ne fut pas un coup de hasard qui le mit sur le faîte et fit de lui un grand homme, que ce ne fut pas là une fortune de circonstance, mais bien le fruit d'une longue persévérance et le solide résultat des plus patients efforts. Si donc il faut y voir la marque d'une profonde ambition, il faut reconnaître aussi qu'en arrivant au pouvoir, il y apportait la conscience du fardeau qu'il allait avoir à soutenir et de la tâche à laquelle il se trouvait appelé, avec la capacité, la haute intelligence et les grands moyens nécessaires pour la bien remplir.

A peine entré au ministère, il avait un plan de conduite et des vues arrêtées. A l'intérieur, à l'extérieur, rien ne lui avait échappé. Déjà pendant ses jours de retraite et d'étude, dans une de ces contemplations où les grands génies jugent d'un coup d'œil infaillible et les hommes et les choses, et les événements et leur but, Richelieu, en jetant les yeux sur l'Europe, avait vu que le moment d'une grande révolution approchait. Le colossal édifice de la puissance espagnole, si rapidement élevé par Charles-Quint, chancelait, miné intérieurement par un mal mortel : c'étaient l'abus du pouvoir et l'orgueil, joints à l'incapacité et à la faiblesse. Autant en effet le despotisme intelligent du fondateur avait produit de grands résultats, autant avaient été déplorables les effets de l'imbécile tyrannie de ses successeurs. En Espagne, les monstruosités de l'inquisition avaient puni le roi qui les souffrait, en abrutissant son peuple; en Allemagne, les violents intérêts de la réforme religieuse, quelque temps satisfaits par de sages traités et par de judicieuses concessions, recommençaient à agiter tout le corps germanique, et mettaient en question la souveraineté de l'Empereur qui avait voulu les méconnaître. A la nouvelle de cet ébranlement, et dans l'espoir de hâter la chute de cette puissance qu'ils avaient tant redoutée, les peuples du Nord, unis de croyance aux mécontents d'Allemagne, se remuaient de concert et se montraient menaçants; un État faible, mais jaloux, qui voulait s'agrandir, une nation généreuse et énergique qui voulait dépenser ses forces et les échanger pour de la gloire, se préparaient à entrer dans la lutte. La conflagration était imminente, et la prépondérance européenne devait être le prix de la victoire. Richelieu comprit qu'elle était réservée à quiconque viendrait à la fin du combat se jeter au travers de l'action, et hâter le dénouement en mettant ses forces dans la balance. C'est là le rôle qu'il destina à la France et qu'il lui fit jouer avec autant de bonheur que de gloire.

Mais pour en venir là, quelles difficultés il avait à vaincre, quels obstacles à renverser! Quinze ans d'une lutte opiniâtre et sanglante l'ont assez fait voir.

La France ne manquait pas de ressources, mais elle n'en savait pas l'usage. Ses forces mal ordonnées s'étaient tournées contre elle-même, et en se divisant, paralysaient l'autorité royale dans sa marche, et dans son action bienfaisante. Il y avait, d'un côté, les grands, qui, longtemps rivaux du souverain, renonçaient avec peine à leur rôle d'opposants, et renouvelaient sans cesse, par d'orgueilleuses prétentions, les plus funestes désordres; de l'autre, les protestants, qui, séparés du reste de la nation par la croyance, s'étaient créé aussi des intérêts à part, et qui formaient une société forte, inquiète, jalouse, avec des idées républicaines au sein de la monarchie, avec des forces considérables pour les soutenir, et des chefs habiles pour diriger l'emploi de ces forces. Il fallait donc frapper et détruire ces deux puissances qui divisaient l'État, pour rétablir l'unité entre les mains et au profit du Roi, et pour assurer le succès de son gouvernement.

Richelieu, qui avait parfaitement compris cette position et cette nécessité, se mit aussitôt à l'œuvre. Dès son entrée au conseil, il prit la haute main sur ses collègues, s'arrogea le pouvoir de premier ministre, sans cependant en avoir le titre, et profita de son ascendant pour imprimer tout d'abord aux événements la direction qui convenait à l'accomplissement de ses desseins.

Les deux premiers actes de son ministère, au dehors, sont déjà marqués du sceau de cette direction. C'est d'un côté, le mariage de la sœur de Louis XIII avec le fils de Jacques Ier, roi d'Angleterre, et de l'autre, l'abandon forcé de la Valteline par les Espagnols. L'un avait pour but d'assurer à la France l'alliance de la Grande-Bretagne dans la lutte qui se préparait contre la maison d'Autriche; l'autre mettait un premier obstacle aux projets ambitieux de cette maison qui, en voulant s'assurer des communications faciles entre l'Allemagne et l'Espagne, et joindre la chaîne interrompue de ses immenses possessions, poursuivait l'accomplissement du rêve de domination universelle dont elle se berçait depuis Charles-Quint.

A l'intérieur, Richelieu commença par les protestants : « J'espère, disait-il, que je ferai si fort changer la face des affaires en France, qu'on aura de la peine à la reconnaître; on verra, les huguenots extirpés, les tailles ôtées, et les parlements rendus plus illustres; » trois appâts politiques dont il leurrait à la fois l'intolérance de la cour et du clergé, la misère séditieuse du peuple, et l'ambition inquiète des parlements. L'effet ne suivit pas également ces promesses. Une seule intéressait les desseins et la puissance du ministre. Les huguenots portèrent la peine de la crainte qu'inspiraient leur union et leur indépendance, non leur foi religieuse; car tout cardinal qu'il était, Richelieu s'en souciait peu, malgré les censures du pape. Mais la ruine ou du moins l'affaiblissement du parti protestant avait alors le fatal privilége de servir à la fois et les vues d'unité que nourrissait le ministre, et surtout la cause de son propre crédit qui avait besoin de s'appuyer sur la religion.

Une guerre de deux ans ne produisit cependant aucun résultat important. Il arriva même que les religionnaires, malheureux dans toutes leurs entreprises, battus dans le Languedoc et autour de La Rochelle, obtinrent malgré leurs revers une paix avantageuse, grâce à la nécessité où se trouvait le ministre de donner toute son attention aux affaires d'Italie pour les conduire à une heureuse issue. A la cour, on taxa d'indifférence coupable, et même d'irréligion cette habile temporisation qui, en reculant la ruine des huguenots, la rendait plus certaine; et les ennemis du Cardinal en profitèrent pour l'attaquer. — Ainsi commençait à se manifester, dès les premiers actes de son ministère, cet esprit d'opposition qui ne cessa dans la suite de lui susciter tant d'obstacles et de conspirer sa ruine. Mais dès lors aussi commença à se montrer cette opiniâtre bienveillance de la fortune qui tournait à l'avantage et à la gloire de son favori tous les projets et toutes les entreprises de la haine la plus habile et la plus puissante, et qui, de chaque accusation faisait naître pour lui l'occasion d'une faveur nouvelle, de chaque danger un élément nouveau de grandeur.

Ce fut autour du duc d'Anjou (depuis duc d'Orléans) et à l'ombre de son nom que ce premier complot se forma comme tant d'autres qui le suivirent. Comme tant d'autres aussi il échoua, entaché qu'il était de la faiblesse qui faisait le fond du caractère de ce prince, et qui, en le condamnant, pendant tout ce règne, à une entière nullité, causa la perte de tous ceux qui s'attachèrent à sa fortune et qui voulurent la pousser plus haut que ne le comportait son génie. Malgré cette nullité réelle, Gaston, duc d'Anjou, frère du Roi, avait, indépendamment de sa naissance qui l'avait placé près du trône, une importance et une valeur relatives qu'il devait aux circonstances. Le Roi, qui n'avait pas d'enfants et qui désespérait d'en avoir, voyait avec jalousie la santé de son frère, et lui enviait par avance l'héritage imminent de sa couronne. De cette position, de cette envie et des vexations qui s'ensuivirent, naquit pour Gaston ce rôle d'opposant sur lequel un autre caractère aurait pu jeter tant d'éclat, et qui se réduisit pour lui aux contre-coups des tentatives hardies que de plus audacieux acteurs hasardaient à ses côtés. Autour de lui se ralliaient tous les mécontentements et toutes les espérances de révolution. Chacun des ennemis du Cardinal exploita successivement les velléités de révolte et d'indépendance qui parfois se remuaient au fond de ce cœur pusillanime; mais chacun d'eux succomba, délaissé à son tour, et sacrifié à la crainte qu'inspirait le ministre.

Le maréchal d'Ornano fut le premier. Blessé dans son ambition par Richelieu, il résolut de se venger en dérangeant un mariage que le Roi, à l'instigation de son ministre, voulait imposer à Gaston. En portant ainsi ce prince à se révolter contre les volontés de son frère, le maréchal cherchait à le compromettre au point de lui fermer toute retraite, et d'en faire un auxiliaire forcé de ses desseins. Il s'agissait de chasser le Cardinal ou de l'assassiner; on parlait même dans la faction de détrôner le Roi et de l'enfermer dans un couvent comme imbécile, de faire épouser la reine Anne d'Autriche au duc d'Anjou, et d'élever ce prince sur le trône avec elle. Mais le secret ne fut pas gardé, et le maréchal alla expier dans le donjon de Vincennes, où Gaston le laissa mourir, le crime d'avoir attenté à la puissance de Richelieu, et la faute de s'être fié à la protection de son maître.

Le comte de Chalais lui succéda dans cette faveur dangereuse, et ne fut pas moins malheureux. Trompé par les apparences de colère et d'indignation dont Gaston avait fait étalage lors de l'arrestation du maréchal, il avait résolu de le venger et de faire sa propre fortune en assassinant Richelieu. Le prince était du complot, toutes les mesures étaient prises, tous les ordres donnés; un jour encore et c'en était fait peut-être du ministre et de sa fortune, lorsque Chalais, qui s'était follement confié à un de ses parents, se vit forcé de prévenir une dénonciation imminente en allant lui-même dénoncer l'affaire au Cardinal. C'était partie manquée; il fallut tout recommencer. Mais cette fois l'issue fut plus fatale encore. Chalais lui-même se perdit par son imprudence et par sa légèreté, et paya de sa tête ses maladresses et son crime.

C'était autant de gagné pour la puissance et pour l'ascendant du ministre. Il profita des dangers qu'il venait de courir pour faire parade auprès du Roi de son dégoût des affaires et de son désir du repos; il écrivit à la Reine, la priant d'obtenir de son fils qu'il lui fût permis de passer dans la retraite le reste d'une vie déjà épuisée au service de l'État. Le Roi répondit à toutes ces démonstrations par de nouvelles faveurs; car il avait du moins, à défaut d'autre mérite, celui d'apprécier tout ce que valait son ministre. Pour protéger une tête si chère et si précieuse, il lui donna une garde de cinquante arquebusiers. Richelieu refusa d'abord, parla de l'odieux que cette distinction allait répandre encore sur sa personne, poussa jusqu'à la témérité ses refus et ses prières, se montra insolent d'affectation dans ses protestations de zèle et d'abnégation, puis enfin se résigna à recevoir de la bonté de son prince une quasi-royauté.

Après cette comédie qui, pour n'être pas nouvelle, ne

réussit pas moins dans tous les temps aux ministres ambitieux, Richelieu se servit du moins franchement et utilement de cette augmentation de puissance. Nommé surintendant-général de la navigation, il ne tarda pas à justifier ce nouveau titre par un des actes les plus importants de son ministère, la prise de La Rochelle.

Il s'y préparait depuis longtemps, et son premier soin avait été l'organisation d'une marine. Selon lui, c'était là un point capital pour la France : « Il y va, disait-il, de sa puissance et de sa sûreté à venir. » Rien de plus judicieux que les observations qu'il consigne à ce sujet dans son Testament politique : « L'Angleterre, écrit-il, étant située comme elle l'est, si la France n'était puissante en vaisseaux, pourrait entreprendre à son préjudice ce que bon lui semblerait. — La situation de cette nation orgueilleuse lui ôtant tout lieu de craindre les grandes puissances de l'Europe, lui donnerait lieu de tout oser lorsque notre faiblesse nous ôterait le moyen de rien entreprendre à son préjudice. » Et combien cette puissance devait être plus redoutable encore, si on lui laissait dans La Rochelle une porte toujours ouverte sur le littoral de la France, et une alliée naturelle qui devait l'aider dans tous ses desseins ! Il était d'une bonne politique de se délivrer pour toujours de cette crainte.

Jamais les circonstances n'avaient été plus favorables. Au dehors, la paix assurée ; au dedans, les ennemis du ministre réduits au silence et à l'inaction, des troupes fidèles et aguerries, une flotte déjà nombreuse, étaient autant de garanties du succès. Cependant de leur côté, les huguenots s'étaient aussi préparés à la guerre ; ils avaient fait alliance avec les Anglais, et dans l'imminence d'une lutte prochaine, ils leur avaient demandé des secours. Ce fut là ce qui amena la rupture. Les Anglais, sans s'inquiéter de la paix qui durait encore, se jetèrent tout à coup sur l'île de Ré occupée par les troupes royales. Le duc de Buckingham, favori du roi d'Angleterre, conduisait cette expédition et y portait une animosité toute personnelle contre un rival qu'il avait déjà rencontré sur un autre terrain. On raconte que, pendant son séjour à la cour de France, Buckingham, qui avait promené dans toutes les cours de l'Europe ses galanteries et ses succès, poussa l'audace jusqu'à aimer la reine de France, et l'insolence jusqu'à le lui dire. Il paraît qu'on l'écoutait sans trop de colère, lorsque le Cardinal, jaloux d'un bonheur auquel il avait aspiré lui-même sans l'obtenir, exigea de la cour d'Angleterre le rappel de son dangereux ambassadeur. Buckingham ne le lui pardonna pas, et soutenu d'ailleurs par la voix de la nation qui voulait la guerre, dans l'intérêt de la religion, il décida son maître à rompre avec la France.

L'année 1627 vit donc recommencer les hostilités. Au moment même où les Anglais débarquaient sur nos côtes, le duc de Rohan soulevait le Languedoc et appelait aux armes et à l'indépendance tout le peuple des réformés. Mais Richelieu avait pourvu à la défense aussi bien qu'à l'attaque. Tandis que le duc de Montmorency va, par son ordre, soumettre les provinces méridionales, il part lui-même avec l'armée royale et va mettre le siége devant La Rochelle. Il savait que là était toute la guerre. Aussi le vit-on mettre à cette entreprise toute l'ardeur qu'inspire un projet favori et toute la constance et l'application que lui imposait la nécessité d'affermir par le succès son pouvoir et sa fortune.

Poussé par ce double motif, il multiplie ses efforts, bâtit quatre lieues de murailles, élève des bastions pour dominer la ville ; et, pour garder cette ligne immense, vingt-cinq mille hommes lui suffisent. Restait aux assiégés la ressource de la mer. Richelieu, qui ne s'étonne d'aucun obstacle, conçoit le dessein hardi de jeter en travers du port une digue énorme pour en fermer l'entrée, et il l'exécute malgré les eaux, malgré les ennemis, malgré les siens eux-mêmes que rebutait un si grand ouvrage. Puis, confiant dans le succès, il fait offrir aux Rochelois, pour prix de leur soumission, le pardon de leur révolte. Mais une volonté forte et puissante régnait dans la ville comme au camp royal. Guiton, maire de La Rochelle, cachait dans un corps faible une âme grande, amie de la liberté jusqu'à l'enthousiasme, de la religion jusqu'au fanatisme, et jalouse du pouvoir jusqu'à la cruauté. En entrant en charge, après avoir plusieurs fois refusé : « Vous le voulez, avait-il dit, puissiez-vous ne pas vous en repentir ! » Puis, se tournant vers les principaux magistrats de la ville : « Vous voyez ce poignard; je le destine à frapper le premier qui osera parler de soumission. » Depuis, il ne se démentit pas un instant. Comme on lui représentait le déplorable état de la ville, où la faim faisait chaque jour de nouvelles victimes : « Notre tour viendra aussi, répondit-il, si nous ne sommes pas secourus. Mais qu'importe après tout, pourvu qu'il reste un de nous pour fermer les portes ! »

Cet inflexible courage et cette résistance énergique n'étaient pas les seuls obstacles que Richelieu eût à combattre. Il trouvait au milieu même du camp royal de nombreux et puissants ennemis. Tous ces grands seigneurs qui servaient dans l'armée, savaient bien qu'en détruisant le parti protestant, ils travaillaient contre eux-mêmes au profit du Cardinal : « Vous verrez, disait Bassompierre, que nous serons assez fous pour prendre La Rochelle. » Le Roi lui-même était las de ce siége ; il le quitta et retourna à Paris, laissant à son ministre, avec le commandement suprême de son armée et de sa flotte, une immense responsabilité. Mais Richelieu était à la hauteur de toutes les circonstances : ni son inexpérience de la guerre, ni les fatigues du siége, ni les maladies qui ravageaient l'armée, ni les dangers auxquels il s'exposait tous les jours, ne lassaient ni n'étonnaient son courage.

Le blocus durait déjà depuis un an, et peut-être aurait-on pu alors en finir par un assaut. Mais Richelieu craignait et les excès de ses propres soldats, et les derniers efforts de ce peuple courageux. Il se rappelait ces paroles des députés Rochelois : « Nous traitons, Monseigneur, pour des gens qui savent bien mourir quand ils ne peuvent plus vivre. » Fidèles à cette noble réponse, malgré toutes leurs misères, les assiégés rejetaient opiniâtrément toutes les propositions qui leur étaient faites. Un jour, quelques voiles parurent à l'horizon et expliquèrent enfin le secret de l'incroyable constance avec laquelle les assiégés supportaient les plus cruelles extrémités de la guerre et de la faim. C'était une flotte puissante qui arrivait d'Angleterre. A l'approche de ceux qu'ils attendaient comme des libérateurs, un mouvement universel d'espoir et d'enthousiasme porta sur les remparts le reste des malheureux que la faim et les armes avaient épargnés. Un spectacle désespérant les y attendait : ils virent la flotte anglaise tenter à deux reprises l'attaque de la digue et se retirer deux fois sans succès. Le lendemain se passa dans l'inaction; le troisième jour ils perdirent tout espoir : les Anglais avaient traité, abandonnant leurs alliés à la vengeance du maître.

Il fallut alors se résigner et se soumettre. Guiton lui-même, indigné de la trahison des Anglais, jeta son poignard et courba la tête. Une capitulation signée le 28 octobre 1628, accorda plein pardon et toute sûreté aux habitants, avec le droit d'exercer librement leur religion; mais en même temps elle leur ôtait tous leurs priviléges, toutes leurs franchises, tous leurs magistrats municipaux, et proclamait le Roi *désormais seul maire et maître de La Rochelle.* Ainsi périt la République Protestante avec cette ville qui de tout temps en avait été la tête et la sauvegarde. Le parti huguenot réduit à l'impuissance, ne forma plus comme par le passé un corps compact et menaçant; il resta dès lors incapable de diviser l'attention et les forces du pouvoir et d'entraver son action. — Richelieu, parvenu à l'accomplissement de ce grand dessein, se vanta de l'avoir exécuté malgré trois rois : le roi d'Espagne, le roi d'Angleterre, et surtout le roi de France.

Aussi bien était-ce lui qui désormais était le véritable roi. L'Espagne ne tarda pas à l'éprouver. Aux affaires de la Valteline avaient succédé en Italie de nouveaux embarras et de nouveaux conflits d'intérêt. Un prince français, héritier du duché de Mantoue, demandait l'appui de la France pour s'y maintenir contre l'Espagne et contre l'Empereur. Richelieu, tranquille du côté des protestants, fit résoudre la guerre que depuis longtemps il différait à regret. Ses promesses au Roi, avant le départ, respirent une admirable confiance et dans les forces de la France et dans son propre génie qui devait les mettre en œuvre : « Je ne suis pas prophète, disait-il au Roi dans le conseil, mais je crois pouvoir assurer Votre Majesté, que ne perdant pas de temps (on était alors en novembre), vous aurez fait lever le siége de Casal et donné la paix à l'Italie dans le mois de mai; et revenant avec votre armée dans le Languedoc, vous réduirez tout sous votre obéissance et donnerez la paix à vos sujets dans le mois de juillet; de sorte que Votre Majesté pourra retourner victorieuse à Paris dans le mois d'août. »

Il disait vrai : le Roi alla, vit et vainquit; forcer le passage des montagnes, prendre Suse, secourir Casal, faire la paix avec le roi d'Espagne et le duc de Savoie, tout cela ne fut qu'une même chose. — Le duc de Rohan, qui raconte ainsi la campagne de 1629, ne peut être soupçonné de flatterie.

A son retour en France, le Roi alla porter les derniers coups aux religionnaires du Languedoc. En peu de temps leurs villes furent prises, leurs châteaux rasés, leurs troupes détruites. Un traité leur accorda liberté de conscience pour tous, et plein pardon pour leurs chefs. Louis, après avoir reçu leur soumission, revint à Paris un mois avant l'époque fixée par le Cardinal.

Pour le récompenser de tant de succès, ni le Roi n'avait assez de grâces, ni ses ennemis assez d'envie et de haine. Tandis que des lettres patentes lui conféraient le titre de principal ministre de l'État, la Reine mère commençait à donner à celui qu'elle appelait sa créature, et dont elle accusait l'insolence et l'ingratitude, des marques d'une inimitié qui devait lui être si fatale à elle-même; Gaston continuait sa bruyante opposition, et ameutait ses flatteurs contre *le nouveau maire du palais*. A ces vaines démonstrations, Richelieu gagna de nouvelles faveurs ; il reçut, avec le commandement de l'armée d'Italie, le titre de lieutenant-général représentant la personne du Roi, « titre inouï, au dire de la cabale, et qui dépouillait le prince de toute autorité, ne lui laissant que le pouvoir de guérir les écrouelles. » Richelieu cependant le justifia. La prise de Pignerol, le duc de Mantoue reconnu par l'Empire et par l'Espagne, l'alliance de la Savoie assurée à la France, et les Espagnols forcés d'abandonner leurs conquêtes, tels furent les importants résultats de cette campagne.

C'était là un premier coup porté à la puissance espagnole et par suite à la maison d'Autriche, dont l'abaissement était toujours au fond de la pensée du ministre. Tout semblait alors favoriser ses projets : l'Allemagne divisée tournait contre l'Empereur une partie de ses forces ; les intérêts des petits princes, l'opiniâtreté de Ferdinand, la cause de la religion réformée, et, par-dessus tout, l'ambition du roi de Suède, Gustave-Adolphe, nourrissaient au sein de l'Empire une guerre acharnée. Tous devaient y perdre, y épuiser leurs forces, leurs finances, leur population : la France seule y gagnait et préparait ainsi son avenir. Une alliance avec le conquérant suédois et avec la ligue protestante entourait l'Empereur d'un réseau d'ennemis et le menaçait à la fois sur tous les points ; dans cette lutte, la Suède avait gardé le rôle le plus brillant, et, chose rare, la France avait pris le plus profitable.

C'est aux préoccupations de ces graves intérêts et à ces hautes pensées de politique européenne, que la mesquine ambition de la Reine et de Gaston, la basse jalousie du plus grand nombre des courtisans, et la légitime haine de quelques-uns, venaient arracher le ministre, pour le ramener violemment à l'intérêt immédiat de sa défense personnelle, et l'engager dans une lutte de cour dont les petits moyens irritaient son impatient génie, tout en l'absorbant par l'importance du résultat. Sur ce nouveau champ de bataille où la victoire, incertaine comme les volontés du Roi, devait être le prix du tact et de l'adresse, Richelieu fut encore vainqueur.

Ce grand orage, comme il l'appelle lui-même, avait pris naissance au chevet du Roi malade. A Lyon, d'où il surveillait les mouvements de son armée, le prince avait été saisi d'un mal si subit et si violent qu'il se crut près de mourir : chacun le crut aussi. Tandis que le mourant ne songeait qu'à se préparer pour un autre monde, et se livrait tout entier aux consolations de la religion, chacun autour de lui réglait déjà les intérêts nouveaux que cette mort allait ouvrir. Gaston, toujours imprévoyant, étalait à Paris son importance naissante, et recevait complaisamment les félicitations des plus empressés. Le premier acte de son gouvernement devait être la perte du ministre; tous s'accordaient sur ce point; on n'était embarrassé que des moyens. Le maréchal de Marillac opinait pour l'échafaud; le duc de Guise, pour l'exil; Bassompierre, pour une prison perpétuelle. Richelieu le sut, s'en souvint plus tard, et leur donna à chacun ce qu'ils lui préparaient.

Cependant la Reine mère mettait dans sa haine et dans ses projets plus d'adresse et de conduite. Profitant de cet instant suprême où les plus fermes esprits se troublent et faiblissent, et faisant appel à la tendresse de son fils, elle lui demandait, avec larmes et prières, l'éloignement du Cardinal, et effrayait sa conscience inquiète de l'idée d'emporter en mourant le ressentiment de sa mère. Le Roi consentit à tout pour mourir tranquille; mais en même temps, sa reconnaissance combattant sa faiblesse, il fit appeler le duc de Montmorency et le pria de pourvoir à la sûreté de *son très cher et amé cousin le Cardinal.* Des relais furent préparés avec des équipages pour le conduire à Avignon. Richelieu allait partir, lorsqu'une crise inattendue rendit au Roi la santé, au favori son influence, à ses ennemis leurs craintes avec un redoublement de haine. Le premier soin du prince fut de ménager une réconciliation entre sa mère et son ministre. Tous deux semblèrent s'y prêter, l'un par humilité, l'autre par condescendance. Mais ils cachaient sous ces dehors de cordialité une crainte mutuelle et une haine profonde; Richelieu la dissimulait par nécessité, la Reine par politique; et la lutte continuait dans l'ombre.

Tandis qu'elle affecte aux yeux de la cour de caresser son ennemi, la fille des Médicis, fidèle à son origine et au génie de sa nation, ourdit autour du ministre la trame tant de fois rompue d'une vaste conspiration, et rassemble par un lien commun de haine et de vengeance tous les intérêts divers qui se partageaient la cour. Ce fut une levée générale de boucliers; grands et petits seigneurs, patrons et clients s'y poussaient l'un l'autre et puisaient du courage dans leur nombre; Gaston y allait encore, moitié de lui-même, moitié par l'impulsion de ses favoris; les dames mêmes s'en mêlaient et recrutaient contre le Cardinal la foule empressée de leurs complaisants; la Reine Anne d'Autriche s'y portait avec l'ardeur de l'amour-propre offensé; enfin à la tête de tous s'agitait l'implacable colère de la Reine mère. Des serments solennels avaient été jurés, et le duc de Bellegarde portait sur la peau, du côté de son cœur, le pacte qui unissait Gaston et sa mère pour la perte de leur ennemi : — « Jamais, dit Richelieu lui-même, faction ne fut plus forte en un État ; il serait plus aisé de rapporter ceux qui n'y trempèrent pas, que ceux qui s'y étaient engagés. »

Forte de tant d'appuis, Marie de Médicis éclata enfin. A la nouvelle de la paix d'Italie et de la levée du siége de Casal, elle fit tirer des fusées dans sa cour, célébrant ainsi, disait-elle, non le triomphe du duc de Mantoue, mais la ruine du Cardinal. En effet, le Roi avait promis de renvoyer son ministre après la conclusion des affaires d'Italie. La Reine le somma de tenir sa promesse ; elle prenait mal son temps. Le prince, encore sous l'impression de la gloire et des avantages que le dernier traité acquérait à la France, et qu'il devait au Cardinal, effrayé surtout de l'immense fardeau des affaires publiques qu'il se sentait incapable de porter, essaya encore la voie de la conciliation. Mais la Reine ne voulut rien entendre et frappa un grand coup pour en finir. Elle ôta au Cardinal la surintendance de sa maison, et, le même jour, renvoya de son service tous les parents, amis et créatures de Richelieu qui les avait placés auprès d'elle, aux jours de sa faveur.

La bataille était engagée ; elle sembla d'abord tourner tout à l'avantage de la Reine ; plus elle montrait de haine et d'emportement, plus Richelieu témoignait de soumission et de patience ; plus elle redoublait de violence et de menaces, plus il se faisait humble et résigné. On vit alors se succéder, dans un court intervalle, les scènes les plus singulières et les plus étonnants retours de fortune. Placé dans une alternative cruelle, entre la crainte de manquer à des devoirs qu'il regardait comme sacrés, et celle de se montrer injuste envers un serviteur fidèle, cédant tour à tour aux larmes et à la violence de sa mère, puis à l'adroite douleur de son favori, le pauvre prince épuisait sa faiblesse en essais infructueux d'accord et de conciliation.

Il fallait pourtant en finir. Un matin, c'était le 10 novembre 1630, le Roi vint voir sa mère au Luxembourg, pour implorer une dernière fois la grâce de *ce pauvre* Cardinal. De son côté, la Reine s'était apprêtée à tenter un dernier effort pour le perdre. La mère et le fils restèrent longtemps enfermés ensemble; le prince allait céder, lorsque l'on frappa à la porte : c'était Richelieu qui venait au secours de sa fortune. On ne lui répondit pas. Impatient d'attendre, quand d'une seule minute dépendait peut-être tout son avenir, il fit le tour par une petite chapelle qui donnait dans le cabinet de la Reine, et il entra. « Vous parliez de moi? » dit-il d'un air tranquille. « Oui, répondit la Reine avec emportement, nous parlions de vous comme du plus ingrat et du plus méchant de tous les hommes. » Puis, donnant carrière à sa haine, elle accabla son ennemi qui lui demandait grâce à genoux, et repoussant son fils qui la suppliait aussi, elle répétait en pleurant de colère : « Serez-vous donc assez dénaturé pour préférer un valet à votre mère? »

Louis se retira sans répondre; et dans ce silence, le Cardinal crut lire son arrêt; la Reine y vit la confirmation de son triomphe. Alors, tandis que le ministre disgracié aux yeux de tous, faisait ses préparatifs de départ, et dirigeait sur le Havre les magnifiques débris de sa fortune, Marie de Médicis, impatiente de jouir du pouvoir et des hommages qu'elle venait de ravir au Cardinal, recevait dans son palais du

Luxembourg les félicitations empressées de ses amis, et les soumissions craintives des protégés du pouvoir qui s'en allait.

Court triomphe, qu'elle devait payer bien cher! En effet, le Roi honteux et indigné à la fois des emportements de sa mère, avait pris enfin une résolution décisive; et au moment où le Cardinal allait partir, un courrier arriva, qui l'appelait à Versailles. Richelieu courut se jeter aux pieds du Roi, et ce prince, en le relevant, lui dit alors une parole qui explique tout ce qu'avait d'adroit et de profond le rôle de soumission et d'humilité que le ministre s'était imposé pendant toute cette crise : « J'ai été témoin, lui dit-il, du respect et de la reconnaissance que vous avez toujours eus pour la Reine ma mère. Si vous aviez manqué à ce que vous lui devez, je vous aurais abandonné. »

Dès que l'on sut à Paris ce qui se passait à Versailles, le Luxembourg se trouva tout à coup désert, et l'on revint au ministre. Jamais vicissitudes si soudaines n'avaient mis en défaut la science des courtisans : cela s'appela la *journée des dupes*. Malheureusement le dénouement de cette comédie tourna au tragique; la puissance abaissée de Richelieu, son orgueil humilié se relevèrent menaçants et se vengèrent par des coups terribles. Il proclama qu'il fallait de grands exemples, et il les donna. Aucun de ses ennemis n'est épargné : les deux Marillac sont arrêtés, le garde des sceaux jeté en prison, et le maréchal conduit à l'échafaud. Richelieu qui avait exigé la sentence, fut étonné lui-même de l'avoir obtenue : « Il faut avouer, dit-il, que Dieu accorde aux juges des lumières qu'il ne donne pas aux autres hommes. » Ironie sanglante! singulière contradiction de cette âme altière qui commandait la servilité et qui déversait sur elle un si cruel mépris!

Vainement la Reine mère, vainement Gaston avaient-ils demandé grâce pour Marillac. Leur tour était aussi venu : pendant l'instruction même du procès du maréchal, Monsieur sortit du royaume, et alla se réfugier en Lorraine; la Reine fut arrêtée à Compiègne. Ils semblaient prendre à tâche l'un et l'autre de servir la cause de Richelieu; l'habile ministre les laissa faire. Tandis que Gaston, achevant d'irriter son frère par ses manœuvres à l'étranger, attirait à tous ceux de son parti des menaces ou des condamnations, et fournissait au Roi l'occasion de mater le parlement, la Reine, livrée aux dangereuses suggestions de sa colère, quitta secrètement Compiègne où Richelieu la faisait mal garder à dessein, et commit la faute irréparable de sortir de France, paraissant décliner ainsi la protection et la justice de son fils : c'était se perdre. La susceptibilité filiale de Louis ne pardonna pas à sa mère ses défiances et ses précautions; et il répondit à une lettre de soumission où elle expliquait sa retraite, par un emphatique éloge du Cardinal, accompagné d'une censure sévère de toute la conduite de la Reine.

Gaston eut alors un éclair d'énergie. A la tête d'une petite armée levée en Lorraine et en Auvergne, il entre en France par la Bourgogne, et prenant le titre de lieutenant-général du Roi, s'annonce comme le redresseur des abus et violences du Cardinal. A cette promesse, et à la voix du duc de Montmorency qui prend parti pour Monsieur, les États du Languedoc se déclarent; mais cet exemple n'est pas suivi. Gaston n'inspirait pas de confiance : l'Espagne, d'ailleurs, n'envoyait ni les troupes ni l'argent qu'elle avait promis.

Montmorency, sentant qu'il faut un coup d'éclat pour relever le parti, court à Castelnaudary où campe l'armée royale, et lui offre la bataille. Mais dès les premières charges, il est blessé et fait prisonnier, en se battant comme un soldat. Gaston, sans essayer de rétablir le combat, s'enfuit comme un lâche et se retire à Béziers. Puis, plus lâchement encore, il s'empresse de faire sa paix avec le Roi et le Cardinal, et d'obtenir son pardon en abandonnant Montmorency : c'était le livrer à la mort. Richelieu ne l'épargna pas plus que Marillac, pas plus que Boutteville, un autre Montmorency, mort sur l'échafaud pour un duel, quelques années plus tôt. Lorsque de pareilles têtes étaient ainsi tranchées, lorsque le descendant du premier baron chrétien était exécuté sur une place publique, sous les yeux du peuple qui admirait, et de la noblesse qui tremblait, le redoutable champion de la toute-puissance royale pouvait regarder sa tâche comme accomplie, et se vanter d'avoir mis la royauté en si haut état qu'elle était au-dessus de la loi, la loi étant au-dessus de tous!

En récompense, Richelieu avait recueilli la haine publique. Mais peu lui importait; esprit créateur pour qui rien n'était perdu, il savait la tourner au profit même de sa fortune; il s'en servait comme d'un aiguillon pour ranimer l'affection languissante de son maître, ou comme d'un prétexte pour menacer son égoïste indolence d'une retraite qui l'aurait forcé d'être roi. Enfin, les efforts mêmes et la violence de cette haine lui rendirent ce service signalé, qu'en effrayant l'esprit faible du prince, ils tranchèrent ses incertitudes entre sa mère et son ministre, et décidèrent la victoire en faveur de ce dernier.

Toutefois le plus difficile restait à faire : il fallait achever d'aliéner à la Reine le cœur de son fils, et de détruire cette affection et ce respect que le Cardinal lui-même, lorsqu'il y avait intérêt, s'était jadis attaché à représenter au Roi comme sacrés et inviolables. Richelieu, qui craignait qu'une lutte plus longue entre la Reine et lui n'amenât un retour fatal à sa fortune, osa risquer un grand coup, et réussit.

Dans un conseil assemblé pour mettre ordre aux affaires de l'État, il n'hésite pas à porter hardiment le doigt sur la blessure et à montrer la mésintelligence de la Reine et de son fils comme la source de tous les troubles. Mais il fallait proposer des moyens pour mettre fin à ces discordes fatales ; Richelieu ne balance pas. Il y a, selon lui, deux moyens d'en finir : le premier, c'est son propre éloignement : « Si le remède est bon, c'est celui qu'il faut choisir, et qu'il désire en son particulier. » Mais il a soin d'ajouter « qu'il y a beaucoup de choses à considérer. » Le second, qu'il ose à peine proposer, c'est l'exil de la Reine mère. Il sait bien « que beaucoup exerceront à cette occasion leur esprit, leur langue et leur plume ; » mais peu lui importe, tout disparaît à ses yeux devant le bien de l'État. Il est vrai qu'il faudra prendre des mesures de rigueur, rassembler des troupes, peut-être même verser du sang ; « mais enfin, ajoute-t-il, lorsqu'un chirurgien coupe un bras par nécessité, il ne peut empêcher ni une grande perte de sang, ni ensuite beaucoup d'autres inconvénients. » Après cette comparaison, qui montre bien tout ce qu'il y avait d'inflexible résolution dans son génie, il abandonne au choix du conseil les deux moyens qu'il a proposés. Mais telle était la crainte qu'il inspirait à tous, que le choix ne fut pas douteux. Son ambition, et plus encore, son amour-propre en triomphèrent; et il raconte lui-même en ces termes l'impression que produisit son discours : « Le Cardinal ayant ainsi parlé, tous louèrent son avis extraordinairement.... seulement se trouvèrent-ils différents avec le Cardinal sur ce point, qu'au lieu qu'il proposait sa retraite comme un remède innocent, ils le tenaient tout-à-fait ruineux et non praticable. »

Le grand malheur pour la Reine, c'est que Richelieu parvint à faire goûter ses raisons au prince lui-même, et réussit à lui montrer attachés à l'exil de sa mère le bien et la tranquillité du royaume. C'était là le grand art de ce ministre : savoir s'incorporer à l'État et à la puissance royale par une assimilation si parfaite, que le Roi, en embrassant les intérêts de son ministre, croyait défendre uniquement ceux de son trône, et même ceux de son peuple. Dans cette circonstance surtout, la Reine avait elle-même servi la haine et les desseins de Richelieu par ses violences, par ses menaces, par ses liaisons avec les étrangers qu'elle voulait faire servir au rétablissement de sa fortune et à la perte du favori. Dans son animosité, elle ne songeait pas au parti que des insinuations adroites pouvaient tirer de sa conduite, et elle justifiait pleinement ces fâcheuses paroles du Pape qu'on avait eu soin de rapporter au Roi : « Toutes ses inclinations sont pour l'Espagne ; elle n'aime son fils qu'autant que son intérêt le demande; c'est une des plus opiniâtres personnes du monde. »

Cependant cette indomptable opiniâtreté ne résista pas longtemps aux chagrins de l'absence et aux misères de l'exil. Cette haute fierté s'humilia, et descendit jusqu'aux prières. Jamais lettres si touchantes n'avaient fait appel à la tendresse d'un fils, à la générosité d'un ennemi. Le Roi en fut troublé pendant plusieurs jours, et le Cardinal cacha sous de faux dehors de regrets et de compassion, tout le plaisir qu'il prenait à savourer sa vengeance. Mais l'un et l'autre demeurèrent inflexibles : le Roi, par crainte et par soumission, le ministre, par haine et par calcul. On mit en avant la raison d'État, mais la véritable raison, c'était que Richelieu ne pouvait pardonner à la Reine de l'avoir vu tremblant et humilié devant elle. C'en était assez pour le tenir à jamais en garde contre le dangereux entraînement d'une imprudente pitié. Il était trop heureux de se voir enfin délivré de cette turbulente ambition, qui ne se plaisait qu'au souvenir de sa puissance passée, et au rêve flatteur de ressusciter sa Régence, en exploitant l'interminable minorité du Roi. Qui sait en effet si une nouvelle lutte eût amené les mêmes coups, et suivi la même chance?

Gaston, qui n'avait pas les mêmes titres à la haine du Cardinal, ne tarda pas à recueillir les tristes avantages de sa nullité et du mépris qu'il inspirait. Il importait d'ailleurs que l'héritier présomptif de la couronne ne restât pas plus longtemps entre les mains des Espagnols qui déjà le chargeaient des liens d'un onéreux traité, et spéculaient pour l'avenir sur son imprévoyante faiblesse. Aussi bien, n'avait-on plus rien à craindre de lui. Après tant de trahisons dont tous ses amis avaient été victimes et qui lui avaient valu, avec le pardon de son frère, de l'or pour alimenter ses ignobles plaisirs, après tant de bassesses dont il avait acheté les bonnes grâces du ministre, qui donc eût songé à aller prendre au fond des crapuleuses orgies où il se perdait, ce vulgaire débauché, sans foi ni courage, pour lui confier le secret d'une conspiration, et le destin d'une grande entreprise?

Et qui d'ailleurs, sous l'impression récente de ces supplices et de cette disgrâce auguste, eût osé s'attaquer au génie du ministre tout-puissant que le succès venait enfin d'absoudre? Richelieu désormais, c'était la fortune de la France. Libre dans l'action et dans l'exercice de son pouvoir, maître de diriger à son gré et les hommes et les choses, il pouvait marcher à grands pas dans la route qu'il s'était ouverte et donner pleine carrière à ses hautes pensées. Cette France, qu'il avait, en dépit de tant d'obstacles, déjà rendue puissante et glorieuse par les armes, il voulut alors la parer d'une gloire plus belle, lui assurer de plus solides triomphes et lui donner sur toutes les nations du monde, en même temps que la supériorité de la force, la prédominance de l'esprit, et l'empire de la pensée.

C'est alors qu'il fonda l'Académie française. Déjà depuis plusieurs années quelques hommes de lettres, réunis par le besoin de se voir, de jouir en commun de leur esprit et de leurs lumières, de se faire part de leurs travaux et de leurs découvertes, s'assemblaient secrètement à jour fixe chez l'un d'eux, et là, en toute innocence et toute liberté, sans bruit et sans pompe, et sans autres lois que celles de l'amitié, ils goûtaient ensemble tout ce que la société des esprits et la vie raisonnable a de plus doux et de plus charmant. La renommée de cette tranquille république parvint, quoi qu'on fît pour la tenir secrète, jusqu'aux oreilles de Richelieu; et aussitôt il conçut la pensée de régulariser ces réunions, de les soumettre à des formes certaines, et de constituer cette société en une sorte de cour souveraine qui jugerait sans appel des choses de la langue et de la littérature. Il en fit faire la proposition au modeste aréopage qui se plaisait dans son obscurité. On en délibéra mûrement; la plupart ne pouvaient se résigner à cette révolution qui allait changer leurs réunions si gaies et si simples en séances solennelles, leurs douces causeries en imposantes délibérations, et leur indulgente critique en censures officielles; tous voyaient à regret violer le secret de leurs nobles plaisirs, et dévoiler au grand jour les doux mystères de leur culte. Mais telle était la toute-puissante volonté du ministre; et la pensée d'établir une grande juridiction littéraire s'était trop vivement emparée de son génie dominateur, pour qu'il consentît à y renoncer. Après avoir porté partout, dans la guerre, dans la politique et dans le gouvernement son système de puissance absolue et d'unité, il y avait pour lui une séduction irrésistible dans l'idée d'imposer même à la langue les décisions et le gouvernement d'un pouvoir unique et souverain, et, en s'en déclarant le chef, de régenter jusqu'aux travaux de la pensée, et jusqu'aux productions de l'esprit.

La société se conforma donc aux désirs du Cardinal, et se mit aussitôt à l'œuvre pour se faire une constitution. Elle prit le nom d'*Académie française*, et Richelieu l'approuva. Il la laissa également libre de fixer comme elle l'entendrait ses statuts et ses règlements. C'était un hommage que son despotisme se plaisait à rendre à la dignité des lettres et au caractère de leurs représentants; et l'on vit même, à propos de la rédaction du projet, l'Académie faire preuve de son indépendance en refusant de reconnaître l'infaillibilité du ministre en matière de langage, comme on la reconnaissait en toute chose, et de corriger quelques phrases qu'il avait blâmées, et qui pourtant *semblaient assez nobles et assez françaises à toute la Compagnie*. Richelieu eut le bon esprit de se soumettre et de montrer lui-même le respect que l'on devait aux décisions d'un corps dont il voulait être le protecteur et le chef. Les lettres patentes qui lui conféraient ce titre et qui instituaient légalement l'Académie furent apportées à la Compagnie le 29 janvier 1635.

Le droit de siéger à l'Académie française devint le prix du mérite littéraire; Richelieu, qui avait créé la récompense, voulut faciliter aussi les moyens de l'obtenir. Les livres étaient chers alors; partant l'étude et l'instruction étaient difficiles. Richelieu ouvrit dans le palais même des rois une imprimerie destinée à reproduire gratuitement les meilleurs ouvrages scientifiques et littéraires, à encourager surtout l'étude des langues orientales dans l'intérêt des Missions, enfin à perfectionner un art qui est le premier mobile de la civilisation.

A ces généreuses pensées de bien public qui portaient l'attention et la bienveillance du ministre sur les lettres et sur les littérateurs, se joignait un penchant tout personnel pour des études et des travaux auxquels il se livrait lui-même. Il fit des tragédies qu'il fallut applaudir; et, par jalousie, il commanda à l'Académie française la critique du *Cid*. Les applaudissements comme la critique étaient injustes. Heureusement pour la réputation littéraire de Richelieu, que son Testament politique fait oublier ses poésies. Rien de plus fort et de plus solide n'a été écrit sur le gouvernement des États. « Celui qui a achevé de si grandes choses, dit La Bruyère au sujet de ce livre, ou n'a jamais écrit, ou a dû écrire comme il l'a fait. »

Tous ces soins de la paix et d'une gloire tranquille ne

faisaient pourtant pas oublier à Richelieu les graves intérêts de la politique et de la guerre.

Il était alors à l'apogée de sa puissance : il avait rendu la France forte et respectable au dehors, tranquille et obéissante au dedans ; il avait donné au Roi une autorité sans bornes, au gouvernement une action libre et énergique. Il ne lui restait plus qu'à mettre en œuvre ces grands moyens si laborieusement préparés, et il y consacra le reste de sa vie.

Le temps était enfin venu pour la France d'intervenir activement dans les affaires de l'Allemagne. Longtemps modérée par la main prudente qui la gouvernait, elle était restée simple spectatrice des grandes choses qui se passaient au delà du Rhin. Alliée secrète de Gustave-Adolphe, elle l'avait suivi et aidé dans toutes ses victoires ; elle avait applaudi à tous ces grands coups qui portèrent si bas la puissance impériale : mais enfin lorsqu'elle l'eut vu tomber au milieu même de ses triomphes, et, du même jour, se relever la fortune de l'Autriche, à l'instant où les Suédois, lassés de vaincre, et l'Allemagne épuisée, semblaient près d'oublier la cause qui leur avait mis les armes à la main, la France recueillant enfin le fruit de sa patience et jetant dans la balance le poids imposant de ses forces, se trouva l'arbitre des destinées de l'Europe.

Cependant, quelque affaibli que fût par tant de combats et de vicissitudes le corps de la monarchie autrichienne, ce n'était pas une médiocre entreprise que de lui porter les derniers coups et de déterminer sa chute. Mais Richelieu avait tout prévu. Une alliance offensive et défensive avec les États-Généraux de Hollande couvre la France, et menace l'Allemagne du côté des Pays-Bas ; une ligue des plus puissants

États d'Italie prend l'empire par le flanc et doit occuper une partie de ses forces; la Lorraine, récemment soumise à l'autorité du Roi ouvre aux troupes françaises le centre de l'Allemagne; enfin la Catalogne, soulevée et protégée par la France à laquelle elle s'est donnée, porte la guerre au cœur même de la domination espagnole. Ainsi attaquée à la fois sur tous les points de son immense empire, la maison d'Autriche doit enfin s'épuiser dans un dernier effort, et porter la peine de sa gigantesque ambition.

Certes c'était la marque d'un puissant génie que d'avoir conçu un pareil plan, et organisé la guerre sur une aussi grande échelle; malheureusement, quoi qu'eût fait Richelieu, la nation n'était pas encore à la hauteur d'une semblable lutte, et la grandeur même de l'entreprise nuisit à la rapidité des succès. A compter de l'ouverture de la guerre, nos fastes militaires enregistrèrent chaque année de brillants faits d'armes, mais de rares et lentes conquêtes. Le seul avantage réel, c'est que l'ennemi achevait de s'épuiser. Une campagne seulement faillit être fatale à la France; l'armée espagnole ne trouvant pas de résistance, envahit tout à coup la Picardie et traversa la Somme. A cette nouvelle, la terreur fut extrême à Paris : le Roi, dans sa détresse, s'en prit au Cardinal. Ce fut le signal d'un débordement furieux d'accusations et d'invectives contre l'impéritie, l'imprudence et la trahison du ministre; tant la peur des ennemis avait excité le courage de se plaindre. Richelieu lui-même fut consterné de cet accord de haines qui s'élevaient unanimement contre lui; après avoir tant fait pour la France, une pareille récompense l'accablait. Le découragement s'empara de cette âme jusqu'alors invincible, et peut-être allait-il céder à l'orage, sans les conseils du père Joseph, ce mystérieux ami, qui s'était voué corps et âme au service du Cardinal et qui mourut, sous sa robe de moine, sans honneurs et sans éclat, comme il avait vécu, et sans que l'on ait jamais pu pénétrer le secret de cet étrange dévouement. Grâce à lui, Richelieu ne s'abandonna pas lui-même, et fit encore une fois tête à tous ses ennemis. Les Espagnols repoussés, les projets de Monsieur et de son parti encore une fois ruinés, ses conseillers punis, Puylaurens expiant son ambition et ses cabales au donjon de Vincennes, et mourant dans le cachot où étaient morts avant lui Ornano et Vendôme, tous ces signes terribles annoncèrent à la France et à l'Europe que Richelieu était encore le maître. Tant de haine, tant d'acharnement l'avaient exaspéré; il ne ménageait plus rien, et dans l'excitation de sa colère, il oubliait et la dignité de sa place, et celle de ses ennemis, et celle de son propre caractère qu'il flétrissait : il dit en apprenant la mort de Puylaurens : « Voilà un air bien merveilleux que celui du bois de Vincennes, qui fait ainsi mourir les gens de la même façon ! » Ses ennemis ont vu dans ces paroles l'impudent aveu d'une série de crimes. Sur de simples soupçons il osa violer la retraite et les secrets de la Reine de France ! Enfin, il faisait la leçon à son maître, et dans un impérieux catéchisme composé à son usage, il lui traçait les devoirs d'un prince envers son premier ministre. Voici les principaux : « Un prince doit parfaitement aimer son premier ministre. — Un prince ne doit pas ajouter foi à ce qu'on lui dit contre son premier ministre. — Un prince doit révéler à son premier ministre tout ce qu'on lui dit contre lui, quand même on aurait exigé du prince qu'il garderait le secret. » — C'est ainsi que tout ce qu'il y avait d'excessif dans cette âme indomptable apparaissait alors au grand jour.

Mais dans ce dernier effort d'autorité et de vengeance, le peu de force qui lui restait s'épuisa, et la maladie devint enfin maîtresse de ce corps usé par le travail et par la pensée. Toutefois, avant de mourir, ce grand homme, fidèle à sa vie, fit ses adieux à la France par une brillante conquête, et à ses ennemis par une terrible vengeance. Les Espagnols l'appelaient au pied des Pyrénées; il y courut, traînant après soi et le Roi qu'il n'osait pas laisser seul, et toute cette noblesse dont il fallait tenir le frein serré. Arrivé au terme du voyage, après avoir disposé son armée sous les murs de Perpignan et ouvert lui-même la tranchée, vaincu par son mal et par la fatigue, il fut forcé de se retirer à Narbonne pour y attendre en repos la fin du siége. Louis qui semblait ne vivre et n'agir que par son ministre, ne tarda pas à tomber malade comme lui, et aussitôt se réveillèrent tous les intérêts endormis par la crainte. Le jeune Henri d'Effiat, marquis de Cinq-Mars, grand écuyer par la grâce de Richelieu, qui l'avait désigné à la faveur du Roi, osa tenter la ruine de son bienfaiteur. Soutenu du nom de Monsieur et de l'appui plus efficace du duc de Bouillon, il conclut avec l'Espagne un traité dont le but avoué était la perte du Cardinal et la paix à laquelle il faisait obstacle, mais, en réalité, la guerre civile au profit des Espagnols et peut-être le démembrement de la France. En même temps Cinq-Mars assiégeait l'esprit du Roi malade de mille accusations contre son ministre; on dit même qu'il lui parla de le faire assassiner, et que le Roi rejeta cette proposition avec horreur. Apprenant par ses espions les manœuvres de Cinq-Mars, et les efforts de ses ennemis pour le perdre, le Cardinal, retenu par la fièvre à Narbonne, dévorait en silence sa colère et ses craintes. Enfin l'imprudence de son ennemi vint à son secours. Il reçut d'une main inconnue une copie du traité conclu par Cinq-Mars avec l'Espagne, et l'envoya au Roi en lui demandant la tête des coupables. Louis, toujours condamné à choisir entre son ministre qu'il craignait et ses favoris qu'il aimait, sacrifia encore ses affections à sa crainte et livra les conjurés à la justice du Cardinal. — On raconte que le Roi s'étant rendu à Tarascon pour y voir son ministre, on dressa dans la même chambre deux lits où l'on plaça les deux malades. Dans cette entrevue il sembla que sur le bord de la tombe, l'égalité de l'autre vie eût déjà porté son niveau sur l'un et l'autre mourant, et qu'il n'y eût plus là ni roi ni sujet : Richelieu retraçant avec complaisance le tableau de tous ses services et de tous ses succès, accusait le prince d'inconstance, d'ingratitude et de trahison; et le Roi ne répondait à ces reproches que par des larmes de repentir. Puis il partit, laissant au Cardinal plein pouvoir de décider sans contrôle et sans conseil toutes les affaires urgentes qui surviendraient en son absence. C'était une véritable dictature.

Parvenu à un si haut degré de puissance qu'il ne pouvait monter plus haut sans crime, Richelieu n'avait plus qu'à mourir. Mais avant de déposer son pouvoir par cette grande abdication de la mort, il en fit un dernier et sanglant usage. Cinq-Mars qui avait conçu l'entreprise, et De Thou, son ami, qui l'avait connue sans la dénoncer, portèrent leur tête sur l'échafaud. On plaignit les deux victimes par compassion pour leur jeunesse, mais l'on redoubla de soumission et de crainte pour le terrible moribond qui donnait encore des marques d'une si effrayante énergie. Richelieu apprit à la fois à Louis XIII la prise de Perpignan et le supplice des conjurés : « Sire, écrivait-il, vos armes sont dans Perpignan et vos ennemis sont morts. » Puis il reprit la route de Paris. Tout son voyage fut comme la marche d'un triomphateur. Porté dans une vaste litière par les soldats de ses gardes, qui marchaient tête nue sous la pluie et sous le soleil, ce grand vainqueur de toutes les oppositions traversa lentement la France, sa conquête; et partout sur son passage, les routes s'agrandissaient; les villes qu'il voulait honorer de sa présence abattaient leurs murailles pour lui donner entrée par la brèche; mais nulle part aucun cri de joie et d'enthousiasme, car le peuple détestait ce grand homme; peuple aveugle qui applaudit aux gouvernants lorsqu'ils le ruinent avec grâce et avec élégance, lorsqu'ils jettent sur leurs exactions le vernis d'une magnificence stérile, et qui déverse toute sa haine sur ceux qui, avec moins d'éclat, lui imposent des sacrifices nécessaires pour lui assurer de solides avantages et une puissance véritable!

Richelieu avait du moins pour lui le témoignage des grandes choses qu'il avait faites, et la satisfaction d'avoir accompli ses grands desseins. On rapporte que pour amuser les longues heures de sa maladie, il fit représenter dans son palais *une étrange comédie qui contenait une partie des pensées qui lui passaient par l'esprit*. Le principal personnage de cette pièce était une belle et puissante princesse courtisée par plusieurs amants de haut mérite, parmi lesquels elle distinguait Ibère et Francion; longtemps elle restait indécise, partagée par les grandes qualités et par les éminentes vertus de l'un et de l'autre; mais enfin Francion l'emportait sur son rival; — et les courtisans d'applaudir.

La mort arracha le ministre à ces jouissances de l'ambition satisfaite. Vers la fin de l'année 1642, son mal augmenta avec une violence extraordinaire. Alors sentant sa fin prochaine, il partagea ses derniers moments entre la religion et la patrie. Ses derniers conseils au Roi, en montrant une sollicitude sincère pour la grandeur du prince et pour la prospérité du royaume, sont la meilleure apologie de son ministère. Après avoir accompli ces devoirs d'un pieux chrétien et d'un fidèle sujet, il rendit doucement son âme à Dieu; et jamais on ne vit une fin plus calme et plus sereine d'une vie si pleine et si agitée. (4 décembre 1642.)

« Voilà un grand politique mort, » dit froidement le Roi en apprenant cette nouvelle. Le peuple qui ne réfléchit pas, alluma des feux de joie; les gens sages, inquiets de l'avenir et des calamités prochaines d'une nouvelle Régence, virent avec douleur la mort de celui qui avait fait, pendant tout ce règne, la sûreté de la France. Qui avait raison de se réjouir ou de s'affliger? Qu'allaient devenir et la France et l'Europe, maintenant que la main qui dirigeait tout, s'était pour jamais retirée? Qui allait soutenir désormais le poids de tant de gloire et de puissance? Qui pouvait enfin recueillir dignement l'héritage de ces grandes pensées et de ces grandes entreprises? Les craintes étaient légitimes : Richelieu avait trouvé le royaume en proie aux plus fatales divisions, déchiré par l'ambition des nobles ou par le fanatisme religieux, réduit à la plus honteuse faiblesse, et partout il avait rétabli l'ordre, porté remède aux blessures saignantes des partis, relevé les forces et le courage de la nation; il avait trouvé la France déchue de son influence au dehors, le Roi déchu de sa puissance au dedans, et il avait rendu à la France l'estime et la crainte de l'Europe, au Roi l'obéissance de ses sujets. Il avait marché à l'accomplissement de tous ses desseins, sans peur, sans relâche, sans scrupule; il s'était identifié avec la fortune du royaume et avec la souveraineté du Roi; il s'était fait un dieu de la chose publique, et il avait tout sacrifié aux devoirs de son culte; enfin il s'était montré en toute occurrence cet homme puissant et terrible que l'on a tant admiré et tant accusé, et qui s'est peint si bien lui-même dans ces paroles devenues célèbres : « Je n'ose rien entreprendre sans y avoir bien « pensé; mais quand une fois j'ai pris ma résolution je vais « droit à mon but, je renverse tout, je fauche tout, et ensuite « je couvre tout de ma soutane rouge. » — Il s'était fait ainsi une puissance à sa taille, et il y avait habitué la France. La Providence pourvut à le remplacer; elle lui donna pour successeur une pléiade de grands hommes, et pour panégyriste un siècle presque entier de succès et de gloire; elle fit enfin que, par une faveur due à son génie, l'œuvre survécut à l'ouvrier, et que longtemps encore après sa mort, à voir les victoires et les conquêtes de la France, les revers et les terreurs de l'Europe, on ne s'aperçut pas que Richelieu n'était plus.

ELLES NE
PEUVENT
PLUS
MOURIR

www.ingramcontent.com/pod-product-compliance
Ingram Content Group UK Ltd.
Pitfield, Milton Keynes, MK11 3LW, UK
UKHW020352250726
13967UKWH00005B/2235

9 782012 985667